Stefanie Drecktrah · Mareike Hahn

AF865556

Diktate mit Rico Schnabel 3

Selbstständig Diktate, Rechtschreibung
und Grundwortschatz trainieren

Name: ____

Klasse: ____________

Mildenberger

Zum Inhalt und zur Arbeit mit Diktate mit Rico Schnabel 3

38 Texte mit den orthografischen Phänomenen sowie den Wörtern aller verbindlichen Grundwortschätze

Diktate mit Rico Schnabel 3 enthält 38 Texte, mit denen du lehrwerksunabhängig Diktate üben kannst. Die Schwierigkeit und die Wörteranzahl ähnelt den Diktaten, die du von der Schule her kennst. Die 38 Texte thematisieren die Rechtschreibphänomene der verbindlichen Grundwortschätze. Sie enthalten auch viele Wörter dieser Grundwortschätze. Auf diese Weise können sowohl die Rechtschreibphänomene als auch die Wörter der Grundwortschätze *im Satzkontext* trainiert und gefestigt werden. Weitere Informationen findest du auf www.rico-schnabel.de.

In jedem Text sollst du bestimmte Wörter unterstreichen. Die Lösungen dazu findest du auf der Webseite, die du über den QR-Code erreichst.
Du kannst die Lösungen aber auch über diesen Link finden: www.mbverlag.de/3200-45.

Als zusätzliche Unterstützung haben wir schwierige Wörter der einzelnen Texte gesondert auf S.80 aufgeführt. Diese darfst du immer zu Hilfe nehmen.

So verwendest du Diktate mit Rico Schnabel 3

Wir haben **Diktate mit Rico Schnabel 3** so gestaltet, dass möglichst alle Kinder damit gewinnbringend arbeiten können. Es gibt mehrere Möglichkeiten, wie du **Diktate mit Rico Schnabel 3** verwenden kannst:

1.) Lass dir den Text durch die Audiodateien diktieren (empfohlen)

Über den QR-Code auf den Textseiten (oder diesen Link: www.rico-schnabel.de) gelangst du auf die **Rico-Schnabel-Diktate-Webseite** unseres Verlags. Dort findest du zu jedem Text (neben den Lösungen für Aufgabe 1) vier Audiodateien: Die Dateien „Version 1“, „Version 2“ und „Version 3“ enthalten immer den gleichen Text. In jeder der drei Dateien wird dir der Text aber anders vorgelesen. Du benötigst alle 3 Dateien.
In der Datei „Erklärung“ erfährst du noch einmal, in welcher Reihenfolge du dir die Texte vorlesen lassen sollst.

Öffne immer zuerst die „Version 1“, dann „Version 2“ und danach „Version 3“.

- **In Version 1 wird dir der gesamte Text komplett und ohne Pause einmal vorgelesen.**
- **In Version 2 wird dir der gesamte Text stückweise diktiert. Zuerst wird dir der ganze Satz vorgelesen und dann derselbe Satz in kleineren Stücken mit Pausen dazwischen diktiert. Schreibe mit, sobald das Diktat in kleineren Stücken mit Pausen vorgelesen wird. Wenn es dir zu schnell geht, kannst du auch die Pause-Taste verwenden, um das Vorlesen zu unterbrechen.**
  Daraufhin wird dir der nächste Satz auf dieselbe Weise vorgelesen.
- **In Version 3 wird dir der komplette Text noch einmal vorgelesen, sodass du Korrekturen machen und überprüfen kannst, ob du alles geschrieben hast.**

2.) Lass dir den Text von jemand anderem diktieren

Der Text sollte in der gleichen Reihenfolge und in der gleichen Weise wie in 1.) vorgelesen werden.
Langsam und deutlich sprechen und Satzzeichen mitdiktieren.

3.) Eigenständige Bearbeitung als Abdeckdiktat

Du kannst auch alleine mit diesem Heft arbeiten. Decke dafür zuerst den Text auf der linken Seite ab. Decke danach den Text Stück für Stück auf und schreibe ihn auf die rechte Seite. Die hellgrauen Striche in den Texten zeigen dir, wie weit du den Text mindestens aufdecken kannst.

Selbsteinschätzung

Sobald du das ganze Diktat geschrieben hast, kannst du deinen Text überprüfen. Vergleiche ihn dafür mit dem Text auf der linken Seite. Hast du Fehler gefunden? Das ist nicht schlimm, denn jeder macht mal Fehler. Versuche das Diktat dann einfach später noch einmal.

Auf der rechten Seite ganz unten kannst du mit deiner Fehlerzahl prüfen, wie geübt du schon bist und wie du dich geschlagen hast. Wenn du im Bereich ☹ ☹ gelandet bist, übe weiter und versuche das Diktat später noch einmal.

Inhaltsverzeichnis

1 Unterstreiche in den Sätzen alle **konkreten Nomen** gelb und alle **abstrakten Nomen** grün. Erinnere dich:

Konkrete Nomen benennen Menschen, Tiere, Pflanzen und Dinge.
Beispiel: der Tisch
Abstrakte Nomen benennen Gefühle und anderes, was wir nicht berühren können. Beispiel: die Liebe

2 Lass dir den Text diktieren. Du kannst aber auch über den Text ein Blatt Papier legen und ihn dann Stück für Stück aufdecken und abschreiben.

Der Fund im Schrank |

Nora hilft mit, | die Wäsche wegzuräumen. |
Sie findet | im Schrank ihrer Mutter | ein Päckchen. |
Es war hinter | einer Tasche versteckt. |
Nora sieht es sich | aus der Nähe an. |
Ihre Neugier ist groß | und die Spannung auch: |
Für wen ist das Paket? | Ist es ein Geschenk? |
Nora steht vor der Wahl: | Sollte sie den Fund melden |
oder Unwissen heucheln? |
Mama nimmt ihr | die Entscheidung ab. |
Auf einmal steht sie | hinter Nora und sagt: |
„Oh, mein Halstuch! | Das hat mir Oma |
nach einer Erkältung geschickt!“ |
Noras Enttäuschung | kann Mama sofort sehen: |
„Möchtest du es haben? | Du brauchst doch immer |
Wärme am Hals.“ | Nora strahlt vor Glück.

Anzahl der Fehler im Diktat: 0–5 ☺☺ 6–9 ☺😐 10–12 😐☹ mehr als 13 ☹☹

1 Unterstreiche in den Sätzen die **konkreten Nomen** gelb und die **abstrakten Nomen** grün. Erinnere dich:

Konkrete Nomen benennen Menschen, Tiere, Pflanzen und Dinge.
Beispiel: der Tisch
Abstrakte Nomen benennen Gefühle und anderes, das wir nicht berühren können. Beispiel: die Liebe

2 Lass dir den Text diktieren. Du kannst aber auch über den Text ein Blatt Papier legen und ihn dann Stück für Stück aufdecken und abschreiben.

Der Wunsch |

Dennis wünscht sich | ein Aquarium. |
Er liebt die Farben | und Bewegungen | der Fische. |
Es macht ihm Spaß, | sich zu überlegen, |
wie er das Becken | einrichten würde. |
Vielleicht mit Sand | und einem kleinen Vulkan? |
Dennis nimmt | allen Mut zusammen. | Er fragt |
seine Eltern um Erlaubnis. | Sein Vater spricht |
von Verantwortung | für die Gesundheit der Tiere, |
von Futter und Pflege. | „Tiere sind kein Spielzeug“, |
sagt Papa mit aller Schärfe. | Dann zeigt er ein Lächeln |
und macht einen Vorschlag: |
„Wenn du | für den nächsten Test |
wieder mit viel Fleiß lernst | und dann Erfolg hast, |
bekommst du ein Aquarium.“

Anzahl der Fehler im Diktat: 0–5 ☺☺ 6–9 ☺😐 10–12 😐☹ mehr als 13 ☹☹

1 Unterstreiche in den Sätzen alle Wörter mit **-ig** gelb und alle Wörter mit **-lich** grün. Erinnere dich:

Wörter mit den Endungen **-ig** und **-lich** sind oft Adjektive. Wir schreiben sie klein. Beispiel: eck**ig**, fröh**lich**
Aber beachte: Am Satzanfang schreibt man groß.

2 Lass dir den Text diktieren. Du kannst aber auch über den Text ein Blatt Papier legen und ihn dann Stück für Stück aufdecken und abschreiben.

Knuddelig und fröhlich |

Wir wandern in den Alpen. | Eigentlich hätten wir schon |
bei der Hütte sein sollen, | aber mein Bruder trödelt. |
Hier ist es sehr bergig | und sonnig. | Uns gefällt es |
bei diesem Wetter | natürlich gut. | Aber alle sind durstig |
und dreckig. | Vor Hunger sind wir | nicht mehr kräftig. |
Plötzlich bleibt mein Bruder stehen | und zeigt neben uns. |
Er flüstert freudig: | „Da sind Murmeltiere!“ | Sie scheinen |
freundlich zu lächeln. | Vorsichtig gehe ich | in die Hocke. |
Ich hole eilig | mein Handy aus der Tasche. |
Hoffentlich gelingt mir | ein gutes Foto. |
Etwas später | kommen wir endlich | in der Hütte an. |
Das Foto wurde sehr witzig | und ich bin fröhlich.

Wörter mit den Endungen -ig und -lich

Anzahl der Fehler im Diktat: 0–5 ☺☺ 6–9 ☺😐 10–12 😐☹ mehr als 13 ☹☹

1 Unterstreiche in den Sätzen alle Wörter mit **Doppelkonsonanten**. Erinnere dich:

Einsilbige Wörter: Sucht man ein verwandtes Wort mit zwei Silben, kann man beim Sprechen den **Doppelkonsonanten** hören. Beispiel: fe**t-t**ig → Fe**tt**
Zweisilbige Wörter: Entfernt man die Signalendung und sucht sich ein verwandtes Wort mit zwei Silben, kann man den **Doppelkonsonanten** beim Sprechen hören. Beispiel: sa**m-m**eln → Sa**mm**lung

2 Lass dir den Text diktieren. Du kannst aber auch über den Text ein Blatt Papier legen und ihn dann Stück für Stück aufdecken und abschreiben.

Grillen am Fluss |

Es ist Sommer. | Auf dem Wasser | fahren Schiffe. |
Sie kommen | über den Fluss | am Hafen an. |
Auf einer Hügelkette | steht ein schönes Schloss. |
Die Sonne scheint hell | und der Himmel ist blau. |
Vor dem Damm | spielen Kinder | mit dem Ball. |
Andere rennen schnell | um die Tannen herum. |
Matteos Mutter | baut einen Grill auf, | während er |
Hummeln und Schmetterlinge beobachtet. |
Schon bald | liegen fette Rippchen, | Kartoffeln |
und Maiskolben mit Butter | auf dem Grill. |
Dann essen alle | mit großem Appetit. |
Als Nachspeise | kommt Pudding | auf den Tisch. |
Dafür ist immer | ein bisschen Platz! |
Am Abend | sammeln alle zusammen | den Müll ein. |
Hoffentlich kommen wir | bald wieder, |
wünscht sich die ganze Gruppe.

Anzahl der Fehler im Diktat: 0–5 ☺☺ 6–9 ☺😐 10–12 😐☹ mehr als 13 ☹☹

1 Unterstreiche in den Sätzen alle Wörter mit **Doppelkonsonanten**. Erinnere dich:

Einsilbige Wörter: Sucht man ein verwandtes Wort mit zwei Silben, kann man beim Sprechen den **Doppelkonsonanten** hören. Beispiel: fet-tig → Fett
Zweisilbige Wörter: Entfernt man die Signalendung und sucht sich ein verwandtes Wort mit zwei Silben, kann man den **Doppelkonsonanten** beim Sprechen hören. Beispiel: sam-meln → Sammlung

2 Lass dir den Text diktieren. Du kannst aber auch über den Text ein Blatt Papier legen und ihn dann Stück für Stück aufdecken und abschreiben.

Die Rettung des Abends |

Meine Familie und ich | machen einen Fernsehabend. |
Nach dem Essen | beginnen wir, | alles vorzubereiten. |
Wir räumen Tassen | und Teller weg, |
denn das war Mamas Bitte. |
Kurz nach dem Beginn | sehen wir auf einmal |
ein helles Licht im Zimmer | und hören dann |
einen lauten Donner. | Das muss bestimmt |
ein Gewitter sein. | Plötzlich fallen alle Geräte |
und Lichter aus. | Ich bekomme ein bisschen Angst. |
Papa sagt: | „Toll, das war ein Blitzeinschlag." |
Alle hoffen, | dass nichts kaputtgegangen ist. |
Papa geht schnell zur Treppe | und in den Keller. |
Ich will gerade ins Bett, | doch dann geht alles wieder. |
Papa hat alles repariert | und den Abend gerettet.

Wörter mit Doppelkonsonanten

Anzahl der Fehler im Diktat: 0–5 ☺ ☺ 6–9 ☺ 😐 10–12 😐 ☹ mehr als 13 ☹ ☹

1 Unterstreiche in den Sätzen alle Wörter mit **ck** gelb und alle Wörter mit **tz** grün. Erinnere dich:

Man schreibt **ck** und **tz** meist nach kurzem Vokal. Beispiel: der Sa**ck**, der Spa**tz**

2 Lass dir den Text diktieren. Du kannst aber auch über den Text ein Blatt Papier legen und ihn dann Stück für Stück aufdecken und abschreiben.

Der Bäcker von der Ecke |

Seit gestern gibt es | in unserem Wohnblock |
plötzlich eine neue Bäckerei. | Heute holen wir |
von dort | Leckereien für unser Frühstück. |
Bei unserer Ankunft | sehen wir | auf den ersten Blick |
viele leckere Dinge: | Kuchen, | Nussecken, | Plätzchen |
und anderes Gebäck. | Zuletzt darf ich mir |
noch etwas aussuchen. | Ich nehme ein Stück |
Spritzkuchen mit Zucker. | Das wird lecker schmecken. |
Außerdem sind jetzt Ferien. | Wegen der Hitze |
wollen wir | leicht verschwitzt | im Schutz |
des Sonnenschirms | vor der Bäckerei | sitzen bleiben. |
Wir trinken Eisschokolade, | essen Stücke |
von unserem Kuchen | und Gebäck. | Kleine Spatzen |
schauen uns dabei zu. | Ich fühle mich | wie im Urlaub |
und bin glücklich.

Anzahl der Fehler im Diktat: 0–5 ☺☺ 6–9 ☺😐 10–12 😐☹ mehr als 13 ☹☹

1 Unterstreiche in den Sätzen alle Wörter mit **Pf / pf**. Erinnere dich:

Ob du in der Mitte eines Wortes **pf** schreiben musst, kannst du hören, wenn du die Silben trennst. Beispiel: hü**p-f**en, Tro**p-f**en
Bei einsilbigen Wörtern kann es dir helfen, die Wörter zu verlängern.
Beispiel: er hü?t → hü**pf**en → er hü**pf**t.
Wann du am Wortanfang **Pf / pf** schreiben musst, solltest du dir merken.

2 Lass dir den Text diktieren. Du kannst aber auch über den Text ein Blatt Papier legen und ihn dann Stück für Stück aufdecken und abschreiben.

Wird Mama schimpfen? |

Gestern hatte es geregnet | und ich war |
mit meinem Freund unterwegs. | Wir hatten Spaß, |
haben gepfiffen | und Kämpfen gespielt. |
Dann sind wir | in große Pfützen gehüpft. |
Wir kamen ganz nass | nach Hause. |
Mama sagt manchmal, | meine Gesundheit |
sei empfindlich. | Ich dachte deswegen, |
sie würde schimpfen. | Aber als ich | nach Hause kam, |
blieb sie ganz ruhig. | Sie sagte, | sie war auch mal jung |
und hat das | auch gern gemacht. |
Heute liege ich aber | mit Schnupfen im Bett. |
Mama gibt mir | pflanzliche Medizin, |
Tee, | der nach Pfirsich schmeckt, | und ich lese |
meine Bücher über Pferde. | Ich würde trotzdem |
wieder in Pfützen hüpfen.

Anzahl der Fehler im Diktat: 0–5 ☺☺ 6–9 ☺😐 10–12 😐☹ mehr als 13 ☹☹

1 Unterstreiche in den Sätzen alle Wörter mit **ch**, aber nicht die Wörter mit sch. Erinnere dich:

Wörter mit **ch** werden unterschiedlich ausgesprochen.
Manchmal ist das **ch** weich wie in „Mil**ch**“. Beispiel: die Fi**ch**te
Manchmal ist das **ch** rau wie in „Da**ch**“. Beispiel: der Strau**ch**

2 Lass dir den Text diktieren. Du kannst aber auch über den Text ein Blatt Papier legen und ihn dann Stück für Stück aufdecken und abschreiben.

Beim Baumkauf |

„Wusstest du“, | sprach Papa, |
„dass viele Weihnachtsbäume | keine Tannen, |
sondern Fichten sind? | Ich finde sie sehr hübsch, |
wie sie hochgewachsen | im Wald stehen |
und ihre Früchte, | also die Zapfen, | nach unten hängen. |
Vor der Nordmanntanne | war die Rotfichte |
der beliebteste Baum | zu Weihnachten. |
Er verströmt | einen besonderen Geruch: |
Er riecht harzig und würzig. | Dann gibt es |
auch noch die Blaufichte, | die natürlich eine blaue |
und manchmal | silbrige Farbe hat.“ |
Ich entgegnete: | „Mir ist egal, | für welchen Baum |
ihr euch entscheidet. | Ich mag Laubbäume lieber. |
Eine Eiche | oder eine Buche | ist doch viel hübscher.“ |
Papa war entsetzt: | „Aber doch nicht |
als Weihnachtsbaum, | oder?“

Anzahl der Fehler im Diktat: 0–5 ☺☺ 6–9 ☺😐 10–12 😐☹ mehr als 13 ☹☹

1 Unterstreiche in den Sätzen alle Wörter mit **ch**. Erinnere dich:

Wörter mit **ch** werden unterschiedlich ausgesprochen.
Manchmal ist das **ch** weich wie in „Mil**ch**". Beispiel: die Fi**ch**te
Manchmal ist das **ch** rau wie in „Da**ch**". Beispiel: der Strau**ch**

2 Lass dir den Text diktieren. Du kannst aber auch über den Text ein Blatt Papier legen und ihn dann Stück für Stück aufdecken und abschreiben.

Nachbarschaftshilfe |

Es war Nacht, | als wir vom Besuch |
bei Onkel Richard zurückkamen. | Da beobachteten wir, |
dass plötzlich Rauch | aus dem Fenster |
unseres Nachbarn kam. |
Herr Strauch war schüchtern, | aber hatte |
ein freundliches Gesicht. | Mama klingelte |
und er öffnete die Tür. | Seine Küchenschürze |
sah feucht aus, | aber er lächelte. |
Nach einem kurzen Gespräch | klärte sich alles: |
Er hatte die Rippchen | im Ofen vergessen |
und versucht | zu löschen. | Ich fragte frech, |
ob das Essen | eigentlich noch | gut sei. | Er lachte |
und winkte uns durch | ins Wohnzimmer. |
Da saß seine Frau | bei Punsch mit Früchten. |
Wir blieben ein Weilchen | und zum Abschied |
meinte Mama, | dass hoffentlich bald | mal wieder |
das Essen rauchen würde.

Wörter mit ch

Anzahl der Fehler im Diktat: 0–5 ☺ ☺ 6–9 ☺ 😐 10–12 😐 ☹ mehr als 13 ☹ ☹

1 Unterstreiche in den Sätzen alle Wörter mit **Sch/sch**. Erinnere dich:

Sprich das Wort laut, dann kannst du hören, ob es sich mit **sch** oder **ch** schreibt.
Ein „sch" hört sich an wie ein Rauschen: Denke an das Meer. Beispiel: der Ti**sch**
Ein „ch" hört sich an wie ein Fauchen: Denke an eine Katze. Beispiel: das Da**ch**

2 Lass dir den Text diktieren. Du kannst aber auch über den Text ein Blatt Papier legen und ihn dann Stück für Stück aufdecken und abschreiben.

Mensch, war das scharf! |

Sascha kochte gern asiatisch. | Für ihn war es |
nicht schwierig, | ein leckeres, | scharfes Essen |
zu zaubern: | Er brauchte dafür | verschiedene Gewürze, |
frisches Gemüse | und Fisch oder Fleisch. |
Chilischoten waren auch | schrecklich wichtig. |
Anschließend musste er | die Schüsseln |
und die schwere Pfanne abwaschen. |
Zum Schluss kam noch | das Schneidebrett dran. |
Ohne nachzudenken, | rieb er sich dabei die Nase. |
Doch oh Schreck: | Die Schärfe schoss in seine Nase! |
Es schüttelte ihn | und seine Augen begannen | zu tränen! |
Er hatte auf dem Brett | die Chilischoten geschnitten |
und sich davon etwas | in die Nase gerieben! |
Selbst schuld, | dachte er.

Anzahl der Fehler im Diktat: 0–5 ☺☺ 6–9 ☺😐 10–12 😐☹ mehr als 13 ☹☹

1 Unterstreiche in den Sätzen alle Wörter mit **Sp/sp** gelb und alle Wörter mit **St/st** grün. Erinnere dich:

Wörter mit **Sp/sp** werden zwar „schp" gesprochen, aber nur mit **Sp/sp** geschrieben. Beispiel: der **Sp**ort, **sp**ielen
Wörter mit **St/st** werden zwar „scht" gesprochen, aber nur mit **St/st** geschrieben. Beispiel: der **St**ein, **st**olz

2 Lass dir den Text diktieren. Du kannst aber auch über den Text ein Blatt Papier legen und ihn dann Stück für Stück aufdecken und abschreiben.

Stiefmuttertag |

Meine Stiefmutter | ist spitze! | Sie ist für jeden Spaß |
zu haben. | Sie zeigt immer stolz Fotos |
von ihren Stiefkindern. | Zudem besucht sie |
jede Sportveranstaltung, | in der mein Bruder Stefan |
und ich spielen. | Am Muttertag | haben Stefan und ich |
uns etwas ausgedacht. | Wir gingen mit ihr |
in ein schönes Straßencafé | in der Stadt. |
Kaum saß sie | auf dem Stuhl, | gab Stefan ihr |
einen Strauß Blumen. | Es verschlug ihr | die Sprache |
und sie bedankte sich stürmisch. |
Dann bestellten wir | das Frühstück. | Schade, | dass es |
fast eine Stunde dauerte, | bis alles vor uns stand. |
Trotzdem war es spaßig. |
Unsere Stiefmutter | spendierte uns gestern | zum Dank |
einen Ausflug | in den Freizeitpark.

Wörter mit Sp/sp und St/st

Anzahl der Fehler im Diktat: 0–5 ☺ ☺ 6–9 ☺ 😐 10–12 😐 ☹ mehr als 13 ☹ ☹

1 Unterstreiche in den Sätzen alle Wörter mit **Sp/sp** gelb und alle Wörter mit **St/st** grün. Erinnere dich:

Wörter mit **Sp/sp** werden zwar „schp" gesprochen, aber nur mit **Sp/sp** geschrieben. Beispiel: der **Sp**ort, **sp**ielen
Wörter mit **St/st** werden zwar „scht" gesprochen, aber nur mit **St/st** geschrieben. Beispiel: der **St**ein, **st**olz

2 Lass dir den Text diktieren. Du kannst aber auch über den Text ein Blatt Papier legen und ihn dann Stück für Stück aufdecken und abschreiben.

Der Streuner |

Wir fahren seit dem Spaziergang | auf der langen Straße. |
Papa ist am Steuer. | Plötzlich bremst er stark. |
Wir bleiben | ein Stück später stehen. | Papa hatte |
unter einem Strauch | einen Hund gesehen. |
Nirgendwo ist ein Besitzer | zu sehen. | Der Hund |
ist an eine Stange gebunden | und ein Stück Stoff |
liegt neben ihm. | Er wurde ausgesetzt. |
Alle sprechen | jetzt durcheinander, | aber es ist klar, |
dass wir ihn | mitnehmen wollen. | Der Hund hebt |
seine Nasenspitze hoch. | Sofort lässt er sich streicheln. |
Er wedelt | vor Spaß | mit seinem Schwanz. |
Ohne zu zögern, | springt er stumm | in unser Auto. |
Seitdem gehört er | zur Familie | und alle spielen gern |
mit ihm.

Anzahl der Fehler im Diktat: 0–5 ☺ ☺ 6–9 ☺ 😐 10–12 😐 ☹ mehr als 13 ☹ ☹

1 Unterstreiche in den Sätzen alle Wörter mit **ng** gelb und alle Wörter mit **nk** grün. Erinnere dich:

Bei Wörtern mit **ng** oder **nk** hilft es dir oft, wenn du die Wörter in Silben zerlegst und sie dann in Silben sprichst. Beispiel: **den-ken**, **fan-gen**

2 Lass dir den Text diktieren. Du kannst aber auch über den Text ein Blatt Papier legen und ihn dann Stück für Stück aufdecken und abschreiben.

Am Abhang |

Am Anfang des Monats | waren Kira und ich klettern. |
Eigentlich bin ich | nicht ängstlich. | Aber als wir |
am Hang hingen, | ging mir eine Menge | durch den Kopf. |
Wir kletterten langsam hoch. | Der Gedanke |
an die Höhe | machte mich fast | ein bisschen krank. |
Der Ausblick | war jedoch herrlich | und wie ein Geschenk. |
Wir sahen eine Lichtung | mit jungen Bäumen. |
Kira sagte: | „Darauf hatte ich mich | lange gefreut! |
Danke, | dass du deine Angst | überwunden hast. |
Ich dachte schon, | wir bräuchten eine Rettung.“ |
Kira wollte ins Wasser springen. | Ich wollte |
lieber herunterklettern. | Mir war egal, | wie lange |
es dauern würde. | Kira schlang ihren Arm | um mich.

Anzahl der Fehler im Diktat: 0–5 🙂🙂 6–9 🙂😐 10–12 😐☹ mehr als 13 ☹☹

1 Unterstreiche in den Sätzen alle Nomen, die auf **d** oder **t** enden gelb, die auf **g** oder **k** enden grün und die auf **b** oder **p** enden rot. Erinnere dich:

Wenn du das Wort verlängerst, kannst du besser hören, ob du **d** oder **t**, **g** oder **k** sowie **b** oder **p** schreiben musst. Beispiel: Ban? → Bän**der** → Ban**d**; Bur? → Bur**gen** → Bur**g**; Die? → Die**be** → Die**b**

2 Lass dir den Text diktieren. Du kannst aber auch über den Text ein Blatt Papier legen und ihn dann Stück für Stück aufdecken und abschreiben.

Der Brand |

Kasim machte | mit seinem Fahrrad | einen Ausflug |
in Richtung Wald. | Er war | ganz alleine unterwegs. |
Auf dem Weg | hörte er Musik | und er sang |
bei jedem Lied mit. | Auch am Maisfeld | kam ihm |
niemand entgegen. | Vor dem Berg | am Waldrand |
sah Kasim Rauch. | Er wollte sehen, | was dort los ist. |
Der Rauch kam | aus einem Haufen Laub. | Ein großer Ast |
lag darüber. | Jemand hatte | einen Brand gelegt! |
Das Feuer war aber | noch nicht groß. |
Plötzlich kam | Gerd vorbei. | Er war ein Freund |
von Kasims Opa. | Zusammen löschten sie |
den Brandherd. | Danach gab es | ein großes Lob |
von Gerd: | „Sehr gut gemacht, kleiner Held!“

Auslautverhärtung: Nomen, d/t, g/k, b/p, verlängern

Anzahl der Fehler im Diktat: 0–5 ☺☺ 6–9 ☺😐 10–12 😐☹ mehr als 13 ☹☹

1 Unterstreiche in den Sätzen alle Nomen, die auf **d** oder **t** enden gelb, die auf **g** oder **k** enden grün und die auf **b** oder **p** enden rot. Erinnere dich:

Wenn du das Wort verlängerst, kannst du besser hören, ob du **d** oder **t**, **g** oder **k** sowie **b** oder **p** schreiben musst. Beispiel: Ban? → Bänder → Band; Bur? → Burgen → Burg; Die? → Diebe → Dieb

2 Lass dir den Text diktieren. Du kannst aber auch über den Text ein Blatt Papier legen und ihn dann Stück für Stück aufdecken und abschreiben.

Der Zwerg und der Dieb |

Leo und Igor spielen. | Leo hat eine Burg gebaut. |
Igor hat seinen Zug | und seinen Zwerg dabei. |
Die Schienen führen | um einen Berg herum, |
auf dem | die Burg des Zwergs steht. | Der Zwerg |
fährt mit dem Zug | in den Urlaub. | In der Nacht |
kommt ein Dieb zur Burg. | Er stiehlt ein Pferd |
und ein Kleid. | Als der Zwerg zurückkommt, |
bemerkt er den Raub. | Er ist voller Wut | und will |
sein Zeug zurückhaben. | Er erwischt den Dieb |
am Rand seiner Burg | und will wissen, | warum er |
nicht geflohen ist. | Der Dieb erklärt, | dass er |
mit seinem eigenen Geld | Futter für das Pferd |
gekauft hat. | Mit dem Kleid | hat er das Pferd gewärmt.

Auslautverhärtung: Nomen, d/t, g/k, b/p, verlängern

Anzahl der Fehler im Diktat: 0–5 ☺ ☺ 6–9 ☺ 😐 10–12 😐 ☹ mehr als 13 ☹ ☹

1 Unterstreiche in den Sätzen alle Verben und Adjektive, die auf **d** oder **t** enden gelb, die auf **g** oder **k** enden grün und die auf **b** oder **p** enden rot. Unterstreiche keine Nomen. Erinnere dich:

Wenn du das Wort verlängerst und laut sprichst, kannst du besser hören, ob du **d** oder **t**, **g** oder **k** sowie **b** oder **p** schreiben musst. Beispiel: er ma? → mö**g**en → er ma**g**; gel? → eine gel**b**e Blume → gel**b**; frem? → eine frem**d**e Katze → frem**d**

2 Lass dir den Text diktieren. Du kannst aber auch über den Text ein Blatt Papier legen und ihn dann Stück für Stück aufdecken und abschreiben.

Minka ist weg |

Erik hatte eine Katze. | Sie hieß Minka, | war alt |
und sehr lieb. | Das Schönste war aber | das Fell, |
denn es war bunt. | Eines Abends | verschwand Minka. |
Erik war traurig | und suchte sie überall. |
Doch die Katze blieb weg. |
Ein Monat war vergangen. | Auf einmal bog Minka |
in den Garten ein | und stand dreckig | und hungrig da. |
Aber ansonsten | war sie gesund. | Eriks Freude war riesig. |
Er hätte gern gewusst, | weshalb seine Katze |
verschwunden war. | Doch diese schwieg. |
Erik schob Minka ruhig | in die Küche | und gab ihr |
ein Festmahl. | Als sie | genug gefressen hatte, |
wog Minka wieder mehr.

Auslautverhärtung: Verben, Adjektive, d/t, g/k, b/p, verlängern

Anzahl der Fehler im Diktat: 0–5 ☺☺ 6–9 ☺😐 10–12 😐☹ mehr als 13 ☹☹

1 Unterstreiche in den Sätzen alle Verben und Adjektive, die auf **d** oder **t** enden gelb, die auf **g** oder **k** enden grün und die auf **b** oder **p** enden rot. Unterstreiche keine Nomen. Erinnere dich:

Wenn du das Wort verlängerst und laut sprichst, kannst du besser hören, ob du **d** oder **t**, **g** oder **k** sowie **b** oder **p** schreiben musst. Beispiel: er ma? → mö**g**en → er ma**g**; gel? → eine gel**b**e Blume → gel**b**; frem? → eine frem**d**e Katze → frem**d**

2 Lass dir den Text diktieren. Du kannst aber auch über den Text ein Blatt Papier legen und ihn dann Stück für Stück aufdecken und abschreiben.

Mutig |

Der Abend war mild | und Mama hatte mir erlaubt, |
im Garten zu zelten. | In einer Ecke | wuchsen die Blumen |
wild und hoch. | Dort stand auch | ein Schuppen. |
Sein Fenster | war alt und blind. | Es war herrlich gruselig. |
Ich wollte zeigen, | wie mutig ich war. |
Deshalb stellte ich | das Zelt dort ab. |
Abends wurde fleißig | das Gelände erkundet. |
Ich leuchtete | mit der Taschenlampe | in den Schuppen. |
Alles sah fremd | und schmutzig aus. | Auf einmal |
leuchtete mich etwas an. | Ich erschrak fürchterlich. |
Dann schaute ich erneut: | Dort lag ein Spiegel. |
Er war rund. | Ich hatte mich selbst geblendet.

Auslautverhärtung: Verben, Adjektive, d/t, g/k, b/p, verlängern

Anzahl der Fehler im Diktat: 0–5 ☺☺ 6–9 ☺😐 10–12 😐☹ mehr als 13 ☹☹

1 Unterstreiche in den Sätzen alle Wörter mit **silbentrennendem h**. Erinnere dich:

Wenn man das Wort verlängert, kann man das **h** hören.
Beispiel: das Geweih → viele Geweihe, er blüht → blühen

2 Lass dir den Text diktieren. Du kannst aber auch über den Text ein Blatt Papier legen und ihn dann Stück für Stück aufdecken und abschreiben.

Alpenglühen |

Oma und Opa | suchen Ruhe | in den Bergen. |
Kühe stehen | auf der Weide. | Blumen blühen |
in allen Farben. | Fichten reihen sich aneinander. |
In der Frühe | stehen Rehe dazwischen. | Sie fliehen |
bei jedem Geräusch. | Hoch oben | ziehen Adler |
ihre Kreise. | Nachts ruft | in der Nähe | ein Uhu. |
Oma und Opa | sehen Murmeltiere. | Einmal ist sogar |
eine Eidechse | über Omas Zehen gelaufen. |
Am tollsten ist aber | der Sonnenuntergang |
in den Alpen. | Dann glühen | die Spitzen der Berge |
rot und orange. | Alle Köpfe drehen sich |
zu dem Naturwunder um | und jeder genießt |
ruhig und friedlich | das Alpenglühen. |
Die Reise | in diese Höhe | war die Mühe wert, |
finden beide.

Wörter mit silbentrennendem h

Anzahl der Fehler im Diktat: 0–5 ☺☺ 6–9 ☺😐 10–12 😐☹ mehr als 13 ☹☹

1 Unterstreiche in den Sätzen die Wörter mit **ß**. Erinnere dich:

Wir schreiben oft ein Wort mit **ß**, wenn der Vokal (Selbstlaut) oder der Umlaut davor lang gesprochen wird oder wenn ein Diphtong (Zwielaut) davorsteht. Beispiel: **Fuß**, **Größe**, **Fleiß**

2 Lass dir den Text diktieren. Du kannst aber auch über den Text ein Blatt Papier legen und ihn dann Stück für Stück aufdecken und abschreiben.

Süßer Sieg |

Es war | der dreißigste September. | Leon ging |
mit seinem weißen Fußball | nach draußen. |
Es war nicht mehr heiß | auf der Straße. |
Leon begrüßte Kira | und die anderen. |
Sie tauschten Süßigkeiten | und hatten Spaß. |
Schließlich bildeten sie Gruppen | und spielten. |
Leon hatte den Ball, | doch Kira konnte |
die Lücke schließen | und gut verteidigen. |
Leon lief fleißig hinterher, | aber sie war größer |
und schneller. | Sie konnte | das Tor schießen. |
Leon wollte sich wütend | auf die Lippen beißen. |
Später waren sie | in einem Team. | Leon blieb |
rechts außen. | Da kam Kiras Pass | auf ihn |
mit perfektem Maß. | Er zog durch | und der Ball |
ging rein. | Der Jubel war groß. |
Leon vergaß seine Wut | und klatschte sie ab.

Wörter mit ß

Anzahl der Fehler im Diktat: 0–5 ☺ ☺ 6–9 ☺ 😐 10–12 😐 ☹ mehr als 13 ☹ ☹

1 Unterstreiche in den Sätzen alle Wörter mit **o** und **ö** gelb und alle Wörter mit **u** und **ü** grün. Unterstreiche nicht die Wörter und, zum, vom und von. Erinnere dich:

Aus **u** und **o** in der Einzahl wird oft **ü** und **ö** in der Mehrzahl.
Beispiel: der Fuchs → die Füchse; der Frosch → die Frösche
Manchmal wird auch das **o** oder **u** von Nomen zu **ö** oder **ü** bei abgeleiteten Verben. Beispiel: das Futter → füttern; der Schutz → schützen
Auch bei Steigerungsformen wird aus **o** und **u** häufig **ö** und **ü**.
Beispiel: groß → größer; jung → jünger
Achtung: Bei „wollte“, „wollten“, „überhaupt“ und „worden“ kann nicht von **o** zu **ö** oder **ü** zu **u** abgeleitet werden. Unterstreiche diese Wörter nicht.

2 Lass dir den Text diktieren. Du kannst aber auch über den Text ein Blatt Papier legen und ihn dann Stück für Stück aufdecken und abschreiben.

Kuh liebt Fuchs |

Es war einmal | eine jüngere Kuh, | die wollte |
einen Fuchs küssen. | Die alten Kühe | hielten das |
für die dümmste Idee überhaupt. | Sie wollten |
die junge Kuh schützen | und sie | mit Futter ablenken. |
Wenn sie | genügend gefüttert | worden wäre, |
hätte sie | die Dummheiten | vielleicht vergessen. |
Aber heimlich schlich sich | die junge Kuh | vom Hof. |
Allein die Hühner | sahen sie fröhlich |
von der großen Anhöhe | zum Fluss traben. |
Da lebten die Füchse. |
Später erzählte ein Wolf | den anderen Wölfen, |
er habe eine Kuh | und einen Fuchs |
bei einem | stürmischen Kuss gesehen. |
Aber keiner | glaubte die dumme Geschichte.

Anzahl der Fehler im Diktat: 0–5 ☺ ☺ 6–9 ☺ 😐 10–12 😐 ☹ mehr als 13 ☹ ☹

1 Unterstreiche in den Sätzen alle Wörter mit **A/a** und **Ä/ä** gelb und alle Wörter mit **Au/au** und **Äu/äu** grün. Erinnere dich:

Aus **A/a** und **Au/au** in der Einzahl wird oft **Ä/ä** und **Äu/äu** in der Mehrzahl.
Beispiel: der **A**rzt → die **Ä**rzte; das Kr**au**t → die Kr**äu**ter
Bei Verben wird aus **a** in der Grundform oft **ä** in der du-Form und in der er-Form.
Beispiel: tr**a**gen → du tr**ä**gst → er tr**ä**gt
Bei Steigerungsformen wird aus **a** häufig **ä**.
Beispiel: h**a**rt → h**ä**rter. Bei **au** jedoch nicht. Beispiel: l**au**t → l**au**ter

2 Lass dir den Text diktieren. Du kannst aber auch über den Text ein Blatt Papier legen und ihn dann Stück für Stück aufdecken und abschreiben.

Jule und die Gänse |

Tine und ihre Freunde | fahren mit den Rädern |
zum See. | Auf ihrem Gepäckträger | haben sie |
verschiedene Bälle, | Getränke und Päckchen |
mit Keksen. |
Kaum sind sie dort, | entdecken sie | in der Nähe |
zwischen den Sträuchern | und Gräsern Gänse. |
Tine ist | ein bisschen ängstlich. | Die ältere Jule |
erklärt ihr: | „Die Gänse | tun uns nichts.“ |
Später fliegt Jule jedoch | der Ball zu den Gänsen. |
Die Tiere schreien kräftig. | Jule erschrickt sehr. |
Sie denkt, | die Tiere wollen kämpfen. |
Jule fällt vor Schreck | ins Wasser. | Sie muss nun |
ihre Wäsche säubern | und bei den Bäumen |
zum Trocknen aufhängen. | Durch die Wärme |
geht dies schnell.

Ableiten: Umlaute A/a → Ä/ä, Au/au → Äu/äu

Anzahl der Fehler im Diktat: 0–5 ☺ ☺ 6–9 ☺ 😐 10–12 😐 ☹ mehr als 13 ☹ ☹

1 Unterstreiche in den Sätzen die Wörter mit **A/a** und **Ä/ä** gelb und alle Wörter mit **Au/au** und **Äu/äu** grün. Erinnere dich:

Aus **A/a** und **Au/au** in der Einzahl wird oft **Ä/ä** und **Äu/äu** in der Mehrzahl.
Beispiel: der **A**rzt → die **Ä**rzte; das Kr**au**t → die Kr**äu**ter
Bei Verben wird aus **a** in der Grundform oft **ä** in der du-Form und in der er-Form.
Beispiel: tr**a**gen → du tr**ä**gst → er tr**ä**gt
Bei Steigerungsformen wird aus **a** häufig **ä**. Beispiel: h**a**rt → h**ä**rter.
Bei **au** aber nicht. Beispiel: l**au**t → l**au**ter
Achtung: Bei „kann", „man", „auch", „aber" und „einmal" kann nicht von **a** zu **ä** oder **au** zu **äu** abgeleitet werden. Unterstreiche diese Wörter nicht.

2 Lass dir den Text diktieren. Du kannst aber auch über den Text ein Blatt Papier legen und ihn dann Stück für Stück aufdecken und abschreiben.

Sonnenbrände |

Wer an Stränden schläft, | lebt oft | wegen der Gefahr |
von Sonnenbränden gefährlich. | Ein Sonnenbrand |
ist eine Verbrennung der Haut | und kann zur Bildung |
von Rötungen | und Bläschen führen. |
Früher sagte man auch: | Der häutet sich. |
Aber dies ist | kein Grund für Späße. |
Bei einem Sonnenbrand | kann man unter Fieber, |
Schwäche | oder Kopfschmerzen leiden. |
Bei stärkeren Sonnenbränden | muss man sich |
ärztlich behandeln lassen. | Trotzdem ist ein Sonnenbrand |
eigentlich eine alltägliche Erfahrung. |
Die meisten Menschen | hatten ihn schon einmal |
und viele auch häufiger. |
Wusstest du, | wie gefährlich | Sonnenbrände sind?

Ableiten: Umlaute A/a → Ä/ä, Au/au → Äu/äu

Anzahl der Fehler im Diktat: 0–5 ☺ ☺ 6–9 ☺ 😐 10–12 😐 ☹ mehr als 13 ☹ ☹

1 Unterstreiche in den Sätzen alle Wörter mit **i** gelb und alle Wörter mit **ie** grün. Unterstreiche keine Wörter mit ei. Erinnere dich:

Kommt in der ersten Silbe nach dem Vokal noch mindestens ein weiterer Buchstabe, dann wir das Wort mit **i** geschrieben. Beispiel: H**i**t-ze
Kommt in der ersten Silbe nach dem Vokal kein weiterer Buchstabe, dann wird das Wort mit **ie** geschrieben. Beispiel: K**ie**-fer
Bei einsilbigen Wörtern hilft es dir, wenn du ein verwandtes zweisilbiges Wort findest. Beispiel: das T?r → die T**ie**-re → das T**ie**r

2 Lass dir den Text diktieren. Du kannst aber auch über den Text ein Blatt Papier legen und ihn dann Stück für Stück aufdecken und abschreiben.

Lenas Gedicht |

Lena mag Gedichte. | Sie kann sich ganz |
in ihnen verlieren. | Auch wenn es | schwierige Gedichte |
über Liebe sind, | lässt Lena nie welche aus. |
Manchmal schreibt sie | auch selbst Gedichte |
und verschickt sie | in ihren vielen Briefen. |
Gerade hat sie wieder | Gedichte geschrieben. |
Die Reime sind vielleicht | dieses Mal etwas schräg, |
aber es ist für sie schwierig, | den richtigen Reim |
auf das Wort „Winter“ | zu finden: |
Eine Fliege um vier |
saß gern am Klavier. |
Was für ein leckeres Tier, |
dachte sie voller Gier, |
denn es war Winter |
und die Spinne saß dahinter.

Anzahl der Fehler im Diktat: 0–5 ☺ ☺ 6–9 ☺ 😐 10–12 😐 ☹ mehr als 13 ☹ ☹

1 Unterstreiche in den Sätzen alle Wörter mit **i** gelb und alle Wörter mit **ie** grün. Unterstreiche keine Wörter mit ei. Erinnere dich:

Kommt in der ersten Silbe nach dem Vokal noch mindestens ein weiterer Buchstabe, dann wir das Wort mit **i** geschrieben. Beispiel: H**i**t-ze
Kommt in der ersten Silbe nach dem Vokal kein weiterer Buchstabe, dann wird das Wort mit **ie** geschrieben. Beispiel: K**ie**-fer
Bei einsilbigen Wörtern hilft es dir, wenn du ein verwandtes zweisilbiges Wort findest. Beispiel: sch?f → sch**ie**fer → sch**ie**f

2 Lass dir den Text diktieren. Du kannst aber auch über den Text ein Blatt Papier legen und ihn dann Stück für Stück aufdecken und abschreiben.

Viele Missgeschicke |

Heute muss ich | Schnee schippen | und alles geht schief. |
Ich verliere meine Brille | und ich muss sie |
blind finden. | Dann bricht auch noch | der Stiel |
vom Schneeschieber ab. | Wahrscheinlich habe ich |
zu billig eingekauft. |
Ich konnte | meine Handschuhe nicht finden |
und deswegen friere ich | an den Fingern. |
Meine Hündin | gräbt die Zwiebeln der Tulpen |
wieder aus. | So etwas kann passieren. |
Im Hof | stehen viele Kiefern | und Fichten. |
Kaum beginne ich, | darunter den Schnee zu schippen, |
fällt der Schnee | von den Ästen | auf mich herab. |
Als die Kirche vier schlägt, | bin ich endlich fertig. |
Jetzt will ich aber | einen Ingwertee.

Wörter mit i und ie

Anzahl der Fehler im Diktat: 0–5 ☺☺ 6–9 ☺😐 10–12 😐☹ mehr als 13 ☹☹

1 Unterstreiche in den Sätzen alle Wörter mit **i** bei einer offenen Silbe und alle Wörter mit **-ine**. Unterstreiche keine Wörter mit ie und ei. Erinnere dich:

Einige Wörter mit langem **i** schreibt man nur mit **i**. Wörter mit **i** bei einer offenen Silbe und **-ine** kommen meist aus einer anderen Sprache. Du musst sie dir merken, da es für sie keine Regel gibt. Beispiel: der Biber, die Cousi**ne**

2 Lass dir den Text diktieren. Du kannst aber auch über den Text ein Blatt Papier legen und ihn dann Stück für Stück aufdecken und abschreiben.

Rico und die Familie |

Rico Schnabel | geht zu einem Familientreffen. |
Die Teilnehmenden | kommen aus aller Welt: |
Aus Afrika, Amerika | und Australien. |
Rico fliegt | mit einer Linienmaschine. |
Später nimmt er ein Taxi. | Er trifft auch |
seine Tante Tamira. | Sie ist ein Schnabeligel. |
Sie erzählt | von einer Impfung | gegen ein Virus. |
Alle trinken lila Säfte | mit Mandarinen und Rosinen. |
Die Früchte stehen | als Pyramide | im Zimmer. |
Rico fragt, | ob der neue Film | mit dem Tiger-Detektiv |
schon im Kino läuft. | Onkel Udo sagt: | „Ja, seit Juli.“ |
Seine Cousine Raschida | ist mit ihrem Freund Bilo da. |
Er ist ein Biber. | Die beiden haben die Idee, |
dass morgen alle | ins Kino gehen. |
Rico findet das ideal.

Fremdwörter/Merkwörter mit i und -ine

Anzahl der Fehler im Diktat: 0–5 ☺ ☺ 6–9 ☺ 😐 10–12 😐 ☹ mehr als 13 ☹ ☹

1 Unterstreiche in den Sätzen alle Verben, die auf **-ieren** enden.
Erinnere dich:

Verben, die auf **-ieren** enden, kommen meistens aus einer anderen Sprache.
Du musst sie dir merken. Beispiel: pas**sieren**

2 Lass dir den Text diktieren. Du kannst aber auch über den Text ein Blatt Papier legen und ihn dann Stück für Stück aufdecken und abschreiben.

Probieren geht über Studieren |

Tante Tamira will | es dieses Jahr riskieren, |
an einem | Tortenbackwettbewerb teilzunehmen. |
Sie muss sich vorher | genau informieren, | wie alles |
ablaufen wird. | Sie geht spazieren | und beginnt, |
die tollsten Torten | im Kopf zu skizzieren. |
Später will sie dann probieren, | diese auch zu backen. |
Sie weiß, | sie muss vor dem Wettbewerb | viel trainieren. |
Schnell lernt sie auch, | Torten toll zu verzieren. |
Dann kommt | der große Tag: |
Tamira gibt alles | und wäre nicht traurig, | wenn sie |
am Schluss verlieren würde. | Das kann passieren. |
Am Ende kann sie | mit Stolz reagieren, | denn sie hat |
den vierten Platz gewonnen. | Viele wollen sie |
und ihre Torte fotografieren.

Verben mit -ieren

Anzahl der Fehler im Diktat: 0–5 ☺ ☺ 6–9 ☺ 😐 10–12 😐 ☹ mehr als 13 ☹ ☹

1 Unterstreiche in den Sätzen alle Wörter mit **(vokalisiertem) r**.
Erinnere dich:

Ein **vokalisiertes r** kommt nur entweder nach einem lang gesprochenen Vokal oder am Wortende als -er/-ert/-ern/-rst-Endung vor. Beispiel: Durst

2 Lass dir den Text diktieren. Du kannst aber auch über den Text ein Blatt Papier legen und ihn dann Stück für Stück aufdecken und abschreiben.

Zur Abwechslung |

Wir machen im Moment Urlaub | mitten im Nirgendwo. |
Um uns | ist sehr viel Natur. | Gestern saßen wir |
auf den Rädern | und kamen unterwegs |
durch ein kleines Dorf. | Es hatte eine hübsche Kirche |
und dort war ein Markt. | Hier tobte das Leben. |
Es fiel uns schwer, | es wieder zu verlassen. |
Nachdem wir es | hindurch geschafft hatten, |
sagte Papa auf einmal, | dass er Durst habe. |
Meine Eltern | wurden sich einig: | Wir sollten wieder |
in das Dorf. | Wir machten uns sofort | auf den Weg. |
Auf dem Markt | kauften wir | ein paar Kirschen |
und machten Pläne | für morgen: |
Vielleicht ins Bergwerkmuseum?

Anzahl der Fehler im Diktat: 0–5 ☺☺ 6–9 ☺😐 10–12 😐☹ mehr als 13 ☹☹

1 Unterstreiche in den Sätzen alle Wörter mit **(vokalisiertem) r**.
Erinnere dich:

Ein **vokalisiertes r** kommt nur entweder nach einem lang gesprochenen Vokal oder am Wortende als -er/-ert/-ern/-rst-Endung vor. Beispiel: Durst

2 Lass dir den Text diktieren. Du kannst aber auch über den Text ein Blatt Papier legen und ihn dann Stück für Stück aufdecken und abschreiben.

Gassi gehen ist schwierig |

Gestern hat es stark gestürmt | und gehagelt. |
Die Erde war nass, | aufgeweicht und schwer. |
Aber einer muss | mit dem Hund | Gassi gehen. |
Heute erwischte es Timo. | Dadurch darf er |
morgen zu Hause bleiben. | Barbossa steht schon |
startklar an der Tür | und möchte gern los. |
Der Feldweg ist leer, | aber plötzlich zieht Barbossa |
so stark wie ein Pferd | an der Leine. |
Timo wird fast umgeworfen | und stolpert |
über den lehmigen Boden. | Er verliert dabei |
einen Schuh. | Barbossa will sofort mitspielen. |
Das Ergebnis ist unerwartet: | Er holt Timo den Schuh. |
Timo muss lachen | und bewirft ihn | mit Matsch. |
Barbossa wirft ihn um. | Timo lacht noch herzlicher.

Anzahl der Fehler im Diktat: 0–5 ☺☺ 6–9 ☺😐 10–12 😐☹ mehr als 13 ☹☹

1 Unterstreiche in den Sätzen alle Wörter mit **V/v**. Erinnere dich:

Die Wörter **Vogel** und **Vase** werden zwar beide mit **V** geschrieben, aber das **V** wird unterschiedlich ausgesprochen. Darum musst du dir Wörter mit **V/v** merken. Beispiel: die **V**orsicht, jedoch der **V**ulkan

2 Lass dir den Text diktieren. Du kannst aber auch über den Text ein Blatt Papier legen und ihn dann Stück für Stück aufdecken und abschreiben.

Detektiv Valentin |

Es ist kurz vor Weihnachten | und Detektiv Valentin |
verbringt gerade viel Zeit | in seinem Büro. |
Er hat nur | vierzehn Tage Zeit, | den Verdächtigen |
zu finden. | Es ist schon | der vierte Advent |
und der Vorfall | muss geklärt sein, | bevor es |
Silvester ist. | Das hat er | seinem Klienten versprochen. |
Deshalb zieht Valentin | seinen liebsten Pullover an. |
Er füttert seinen Vogel | und denkt nach. |
Jemand ist | ins Vereinsheim eingebrochen. |
Bei dem Versuch, | die Vitrine aufzubrechen, |
hat sich | der Unbekannte verletzt. |
Vielleicht kann Valentin | den Verdächtigen so finden. |
Und tatsächlich stöbert er | vier Verdächtige |
in ihrem Versteck auf | und einer trägt | einen Verband.

Anzahl der Fehler im Diktat: 0–5 ☺ ☺ 6–9 ☺ 😐 10–12 😐 ☹ mehr als 13 ☹ ☹

1 Unterstreiche in den Sätzen alle Wörter mit **x** gelb, alle Wörter mit **chs** grün und alle Wörter mit **ks** rot. Erinnere dich:

Es gibt Laute, die zwar gleich gesprochen werden aber unterschiedlich geschrieben werden. Das gilt zum Beispiel auch für **x**, **chs** und **ks**. Merke dir, welche Wörter du mit **x**, **chs** oder **ks** schreiben musst. Beispiel: der Te**x**t, der Fu**chs**, lin**ks**

2 Lass dir den Text diktieren. Du kannst aber auch über den Text ein Blatt Papier legen und ihn dann Stück für Stück aufdecken und abschreiben.

Von Lachsen und Äxten |

Alex sitzt in der Schule | und langweilt sich. |
Er sieht aus dem Fenster. | Der Hausmeister läuft |
mit einer Axt | in der Hand | zu dem hohen Gewächs |
links neben der Sporthalle. | Nachher will Alex |
mit sechs anderen Kindern | aus seiner Klasse |
zum Boxen gehen. | Bis dahin | sitzt Alex aber |
vor seinem Text. | Es geht um Lachse |
und wie sie aufwachsen. | Aber Alex hat heute |
keine Lust zu lernen. | Er will auch nicht wissen, |
wo Füchse wohnen, | wie man | einen Reifen wechselt |
oder wie man | aus Bienenwachs | Kerzen machen kann. |
Alex steht auf | und holt sich | ein Tier-Lexikon. |
Die Bilder sind | eine interessante Abwechslung.

Anzahl der Fehler im Diktat: 0–5 ☺☺ 6–9 ☺😐 10–12 😐☹ mehr als 13 ☹☹

1 Unterstreiche in den Sätzen alle Wörter mit **Dehnungs-h**.
Erinnere dich:

> Das **Dehnungs-h** tritt nur nach langem Vokal auf und steht meistens vor l, m, n oder r. Beispiel: Jahr; erzählen; kühl

2 Lass dir den Text diktieren. Du kannst aber auch über den Text ein Blatt Papier legen und ihn dann Stück für Stück aufdecken und abschreiben.

Ein Zahlenrätsel |

Kannst du | das folgende Zahlenrätsel lösen? |
Eine alte Frau | hatte sieben Söhne. |
Der erste Sohn | arbeitete bei der Bahn. |
Der zweite Sohn | war Höhlenforscher. |
Der dritte Sohn | wollte Uhrmacher werden. |
Der vierte Sohn | hörte auf einem Ohr ganz schlecht, |
war aber immer fröhlich | und wurde Zahnarzt. |
Der fünfte Sohn | mahlte in der Mühle |
das Korn zu Mehl. |
Der sechste Sohn | arbeitete bei der Feuerwehr. |
Der siebte Sohn | züchtete Hühner | und verkaufte Eier. |
Jeder Sohn | hatte eine Schwester. |
Wie viele Kinder | hatte wohl die alte Frau?

Anzahl der Fehler im Diktat: 0–5 ☺☺ 6–9 ☺😐 10–12 😐☹ mehr als 13 ☹☹

1 Unterstreiche in den Sätzen alle Wörter mit **Doppelvokal**.
Erinnere dich:

Es gibt nur wenige Wörter mit **Doppelvokalen**. Merke sie dir. Beispiel: das Meer

2 Lass dir den Text diktieren. Du kannst aber auch über den Text ein Blatt Papier legen und ihn dann Stück für Stück aufdecken und abschreiben.

Die Fee, der Zoowärter und der Schneemann |

Es war einmal ein Paar, | das lebte glücklich |
in einem kleinen Haus | neben einem Moor. |
Der Mann war Zoowärter | im Zoo in der Nähe. |
Die Frau war eine Märchenfee | im Freizeitpark. |
Sie hatten sich | am Meer kennengelernt. |
Auf ihrem Hof | stand ein Boot. | In einem Beet |
wuchsen Erdbeerpflanzen | zwischen ein paar Steinen |
mit Moos. |
Gestern kam | ein Freund von ihnen | zu Besuch. |
Er spielte | den Schneemann im Park. |
Dann tranken sie | Kaffee und Tee. | Als die Tassen |
leer waren, | hatten sie eine Idee: | Sie könnten zu dritt |
mit dem Boot | auf den See hinausfahren. |
Die Fee kämmte ihre Haare, | dann ging es los.

Anzahl der Fehler im Diktat: 0–5 ☺☺ 6–9 ☺😐 10–12 😐☹ mehr als 13 ☹☹

1 Unterstreiche in den Sätzen alle Wörter mit **ä**. Unterstreiche keine Wörter mit äu. Erinnere dich:

Zu manchen Wörtern mit **ä** gibt es kein verwandtes Wort mit **a**.
Du musst dir die Wörter merken. Beispiel: der K**ä**se; n**ä**mlich; g**ä**hnen

2 Lass dir den Text diktieren. Du kannst aber auch über den Text ein Blatt Papier legen und ihn dann Stück für Stück aufdecken und abschreiben.

Später Lärm |

Eines Abends | lag ein Mädchen | spät wach im Bett. |
Sie hörte nämlich | ein Geräusch, | das sie ärgerte. |
Sie wusste aber nicht, | wo es herkam. |
In ihrem Zimmer | stand ein Terrarium | mit Eidechsen. |
Das ist so etwas | wie ein Käfig aus Glas. |
Die Tiere waren es jedoch nicht, | die Lärm machten. |
Später fiel es ihr ein, | wie sie das Geräusch |
erklären konnte: | Sie hatte neulich | eine Schachtel |
mit Käfern gekauft. | Während des Fütterns |
musste einer entkommen sein. |
Jetzt raschelte der Käfer | unter dem Regal. |
Das Mädchen fing ihn ein. | Die Eidechse freute sich |
über den verspäteten Leckerbissen. |
Das Rätsel war gelöst.

Native Wörter mit ä

Anzahl der Fehler im Diktat: 0–5 ☺☺ 6–9 ☺😐 10–12 😐☹ mehr als 13 ☹☹

1 Unterstreiche in den Sätzen alle Wörter mit **Eu/eu**. Erinnere dich:

Ob ein Wort mit **Eu/eu** oder **Äu/äu** geschrieben wird, erkennst du durch Ableiten von einem verwandten Wort: Ein Wort wird also mit **Eu/eu** geschrieben, wenn es noch ein weiteres verwandtes Wort mit **Eu/eu** gibt.
Beispiel: fr?ndlich → der Freund → freundlich

2 Lass dir den Text diktieren. Du kannst aber auch über den Text ein Blatt Papier legen und ihn dann Stück für Stück aufdecken und abschreiben.

Das neue Fahrzeug der Feuerwehr |

Neun Freunde | gehen durch die Stadt. |
Sie sehen an der Kreuzung | viele Menschen stehen. |
Das neue Fahrzeug | der Feuerwehr |
wird heute vorgestellt. | Alle Menschen staunen |
und viele Kinderaugen leuchten. |
Der neue Wagen | ist einer der besten | in Deutschland |
oder sogar in Europa: |
Er hat Bestnoten | beim Kampf gegen das Feuer. |
Er ist deutlich beweglicher | als andere Wagen. |
Er kann Wasser | als feinen, | feuchten Nebel versprühen. |
Viele Leute wollen sich | für ein Foto | ans Steuer setzen. |
Auch die Freunde | freuen sich | über das Selfie. |
Sie wollen später | auch gerne einmal | so ein Ungeheuer |
von einem Auto steuern. |
Wäre das auch etwas | für euch?

Anzahl der Fehler im Diktat: 0–5 ☺ ☺ 6–9 ☺ 😐 10–12 😐 ☹ mehr als 13 ☹ ☹

1 Unterstreiche in den Sätzen die folgenden Wörter:

Pizza, Radio, Chor, Apotheke, Detektiv, international, interessieren, Informationen, Interview, Thermometer, App, Chance, Klimawandel, fair.
Präge dir diese Merkwörter ein.

2 Lass dir den Text diktieren. Du kannst aber auch über den Text ein Blatt Papier legen und ihn dann Stück für Stück aufdecken und abschreiben.

Rico und das Radio |

Rico macht sich eine Pizza. | Er hört Radio. |
Gerade singt ein Chor. | Dann läuft Werbung |
für die Apotheken-Umschau | und für den Film |
mit Detektiv Valentin. | Rico hört weiter. |
Jetzt kommen | die internationalen Nachrichten. |
Rico interessiert sich sehr | für die Informationen |
aus aller Welt. | Das gilt auch | für das Interview |
mit einer jungen Erfinderin, | das er anschließend hört. |
Sie hat | eine Thermometer-App entwickelt. |
Mit dieser App | kann man eines Tages | das Wetter |
mit dem Wetter | der vergangenen Jahre |
an genau diesem Tag vergleichen. | Dadurch hat man |
die Chance, | den Klimawandel | besser zu verstehen. |
Die App soll es | für alle Länder geben. |
Das klingt fair, | denkt Rico.

Weitere Merkwörter/Fremdwörter

Anzahl der Fehler im Diktat: 0–5 ☺ ☺ 6–9 ☺ 😐 10–12 😐 ☹ mehr als 13 ☹ ☹

1 Unterstreiche in den Sätzen alle Wörter mit den folgenden **Vorsilben**:

un- (2x), **Er-** (1x), **Ge-/ge-** (5x), **Ver-/ver-** (4x), **be** (3x)-, **ent-** (2x), **an-** (1x), **vor-** (3x). Präge dir diese **Vorsilben** ein, denn sie begegnen dir häufig.
Beispiel: **Verschmutzung**, **vorlesen**

2 Lass dir den Text diktieren. Du kannst aber auch über den Text ein Blatt Papier legen und ihn dann Stück für Stück aufdecken und abschreiben.

Ein unangenehmes Erlebnis |

Soll ich dir | ein Geheimnis erzählen? |
Ich war einmal | in einem Geschäft, | weil ich mir |
eine neue Verkleidung | für Halloween |
besorgen wollte. | Da bemerkte ich auf einmal |
einen ganz entsetzlichen Geruch. | Ich wollte schon |
den Verkäufer darauf ansprechen, | ob vielleicht |
die Gasleitung undicht sein könnte. | So etwas |
kann sich ja | als sehr gefährlich entpuppen. |
Plötzlich sah ich jedoch | das rote Gesicht einer Frau, |
die vorher an mir | vorbeigegangen war. |
Ich dachte kurz nach | und dann verstand ich: |
Die Dame litt unter Blähungen. | So etwas |
kann vorkommen. | Sie bezahlte und verschwand, |
so schnell sie konnte.

Wörter mit Vorsilben

Anzahl der Fehler im Diktat: 0–5 ☺☺ 6–9 ☺😐 10–12 😐☹ mehr als 13 ☹☹

1 Unterstreiche in den Sätzen alle **unregelmäßigen Verben**. Nutze die folgenden Grundformen dieser Verben als Unterstützung:

bekommen, wissen, gehen, müssen, essen, trinken, tragen, frieren, werden, umfallen, schlafen, sein, ziehen, anfangen, klingen, können, fangen, verbiegen, mögen. Präge dir unregelmäßige Verben und ihre Bildung ein.
Beispiel: gehen – ich gehe – ich ging – ich bin gegangen

2 Lass dir den Text diktieren. Du kannst aber auch über den Text ein Blatt Papier legen und ihn dann Stück für Stück aufdecken und abschreiben.

Das Monster-Spiel |

Zum Geburtstag bekam ich | ein neues Computerspiel. |
Ich wusste nicht ganz genau, | wie es richtig ging. |
Man musste | auf ein kleines Monster aufpassen |
und auf viele Dinge achten: | was es aß, | was es trank, |
welche Kleidung es trug | oder sogar, | ob es fror. |
Wenn es müde wurde, | fiel es einfach um | und schlief. |
War ihm langweilig, | zog es | einem Hund am Ohr |
oder fing an zu singen. | Das klang ganz schräg. |
Man konnte aber | mit dem Monster |
auch etwas spielen. | Es fing einen Ball |
oder verbog Stangen | zu verschiedenen Formen. |
Ich mochte das Spiel | eigentlich nicht so sehr.

Anzahl der Fehler im Diktat: 0–5 ☺☺ 6–9 ☺😐 10–12 😐☹ mehr als 13 ☹☹

1 Unterstreiche in den Sätzen alle **unregelmäßigen Verben**. Nutze die folgenden Grundformen dieser Verben als Unterstützung:

sein, verlieren, erschrecken, bleiben, aufwachsen, vergessen, sitzen, sehen, liegen, nehmen, finden, schließen, aufgeben, anrufen, dürfen, sein.
Präge dir unregelmäßige Verben und ihre Bildung ein.
Beispiel: sein – ich bin – ich war – ich bin gewesen

2 Lass dir den Text diktieren. Du kannst aber auch über den Text ein Blatt Papier legen und ihn dann Stück für Stück aufdecken und abschreiben.

Das Fund-Krokodil |

Als Luan noch klein war, | verlor er |
sein Kuschel-Krokodil. | Er erschrak sehr, |
als er es bemerkte. | Aber trotz einer langen Suche |
blieb das Tier verschwunden. | So wuchs Luan |
ohne Krokodil auf. | Er vergaß | seinen Plüsch-Freund |
aber nie. | Viele Jahre später | saß er |
bei seiner neuen Freundin Erika | im Zimmer. |
Da sah er auf einmal | das Kuschel-Krokodil! |
Es lag im Regal. | Staunend nahm er es | in die Hand. |
Erika erzählte: | „Vor vielen Jahren | fand ich Kroko |
in der Straßenbahn. | Ich schloss ihn | gleich ins Herz. |
Mama gab damals | eine Fundanzeige auf, |
aber niemand | rief uns deswegen an. | Daher durfte ich |
ihn behalten. | Er war immer mein Liebling.“

Anzahl der Fehler im Diktat: 0–5 ☺☺ 6–9 ☺😐 10–12 😐☹ mehr als 13 ☹☹

Schwierige Wörter

Die folgenden Wörter darfst du bei den Diktaten als Hilfe benutzen.

Text	Wörter
Der Fund im Schrank	Nora, Fund, Neugier, heucheln, strahlte (strahlen)
Der Wunsch	Dennis, Aquarium, vielleicht, Vulkan
Knuddelig und fröhlich	Alpen, trödelt (trödeln), Murmeltiere, Hocke
Grillen am Fluss	Hügelkette, Matteo, Rippchen, Kartoffeln, Maiskolben, Appetit
Die Rettung des Abends	Fernsehabend, Beginn, Blitzeinschlag, kaputtgehen
Der Bäcker von der Ecke	Wohnblock, Leckereien, Spritzkuchen, sitzen bleiben, Eisschokolade
Wird Mama schimpfen?	gepfiffen (pfeifen), Schnupfen, pflanzliche Medizin
Beim Baumkauf	Fichten / Rotfichte, Nordmanntanne, verströmt (verströmen), harzig, silbrige
Nachbarschaftshilfe	Richard, Herr Strauch, schüchtern, Küchenschürze, Rippchen, Punsch
Mensch, das war scharf!	Sascha, asiatisch, Chilischoten
Stiefmuttertag	Stiefmutter / Stiefkinder, Straßencafé, Freizeitpark
Der Streuner	Streuner, Besitzer
Am Abhang	Kira, Lichtung, überwunden (überwinden), bräuchten, hochgewachsen, schlang (schlingen)
Der Brand	Kasim, Maisfeld, Gerd, Brandherd
Der Zwerg und der Dieb	Leo, Igor, Schienen
Minka ist weg	Erik, Minka, schwieg (schweigen), schob (schieben), Festmahl
Mutig	mild, Schuppen, herrlich, Gelände, fürchterlich, geblendet (blenden)
Alpenglühen	Alpenglühen, Fichten, aneinanderreihen, Murmeltiere, Eidechse
Süßer Sieg	dreißigste (dreißig), Leon, Süßigkeiten, Kira, Lippen, Team, Jubel
Kuh liebt Fuchs	genügend (genug), wäre (war), Dummheiten
Jule und die Gänse	Jule, Tine, Gepäckträger
Sonnenbrände	Sonnenbrände (Sonnenbrand), Rötungen (rot), Bläschen (Blasen), ärztlich (Arzt)
Lenas Gedicht	schräg
Viele Missgeschicke	schippen, Stiel, Schneeschieber, wahrscheinlich, Ingwertee
Rico und die Familie	Teilnehmenden, Linienmaschine, Tamira, Schnabeligel, Tiger-Detektiv, Raschida, Bilo
Probieren geht über Studieren	Tamira, Tortenbackwettbewerb, skizzieren, Stolz
Zur Abwechslung	im Nirgendwo, hübsch, tobte (toben), Bergwerkmuseum
Gassi gehen ist schwierig	gehagelt (hageln), dadurch, Barbossa, startklar, lehmig (Lehm), Matsch
Detektiv Valentin	Valentin, der Verdächtige (verdächtigen), Advent, Silvester, Klient, Vitrine
Von Lachsen und Äxten	Alex, Gewächs (wachsen), Bienenwachs, Tier-Lexikon, Abwechslung
Ein Zahlenrätsel	Mehl mahlen ≠ Bilder malen
Die Fee, der Zoowärter und der Schneemann	Zoowärter, Märchenfee, Freizeitpark, Erdbeerpflanzen, könnten, hinausfahren
Später Lärm	nämlich, Terrarium, Eidechse, Schachtel, Leckerbissen
Das neue Fahrzeug der Feuerwehr	Bestnoten, versprühen, Selfie
Rico und das Radio	Chor, Apotheken-Umschau, Detektiv, Valentin, international, Interview, anschließend, Thermometer-App, Chance, Klimawandel, fair
Ein unangenehmes Erlebnis	Geheimnis, Halloween, entsetzlich, Gasleitung, entpuppen, Blähungen
Das Monster-Spiel	Monster-Spiel, Computerspiel, schräg
Das Fund-Krokodil	Fund-Korokodil, Luan, Kuschel-Krokodil, Plüsch-Freund, Kroko, Fundanzeige